T0033007

A Emilio, por su cariño, elegancia y sentido del humor.
Y porque es un honor trabajar con él.

A todos los traseros simpáticos o tímidos, triangulares o circulares, jupiterianos o terrícolas. Por su alegría y porque son como la cara oculta de la luna.

Eva Manzano

A Leo, por venir.

Emilio Urberuaga

El libro de los traseros
Colección Somos8

www.nubeocho.com · info@nubeocho.com

Revisión: Ariel Roch

Primera edición: febrero, 2023
ISBN: 978-84-19607-25-6

Impreso en Bosnia-Herzegovina.

EL LIBRO DE LOS TRASEROS

EVA MANZANO   EMILIO URBERUAGA

No conocemos bien a los

TRASEROS.

Claro, siempre los llevamos tapados... Pero a pesar de que todos se parecen, también son muy diferentes entre sí.

Cada uno tiene su personalidad. Pueden ser muy tímidos o muy simpáticos, pero una cosa está clara: todos los traseros se saludan entre ellos y a todos les gusta darse los buenos días o las buenas tardes.

Les encanta sentarse, pero también andar, subir montañas y bajarlas, irse de vacaciones y recibir

REGALOS.

UN POCO DE HISTORIA

El trasero, tal y como lo conocemos ahora, tiene su propio cumpleaños. Nació en el

PERIODO CÁMBRICO

hace más o menos...

¡540 MILLONES DE AÑOS!

Todo empezó cuando algunos animales desarrollaron

UNA BOCA

para comer y otra para deshacerse de lo que habían comido. Gracias a este cambio pudimos comer, crecer y aumentar nuestro tamaño. El cerebro se pudo desarrollar más.

Por tanto, el nacimiento del "trasero" nos hizo más

INTELIGENTES.

¿CÓMO ES UN TRASERO HUMANO?

Los humanos tenemos un trasero voluminoso. Cuando acaba la espalda aparecen dos cachetes mullidos y redondos, separados entre sí. El trasero de las mujeres suele ser más grande debido a una hormona que se llama

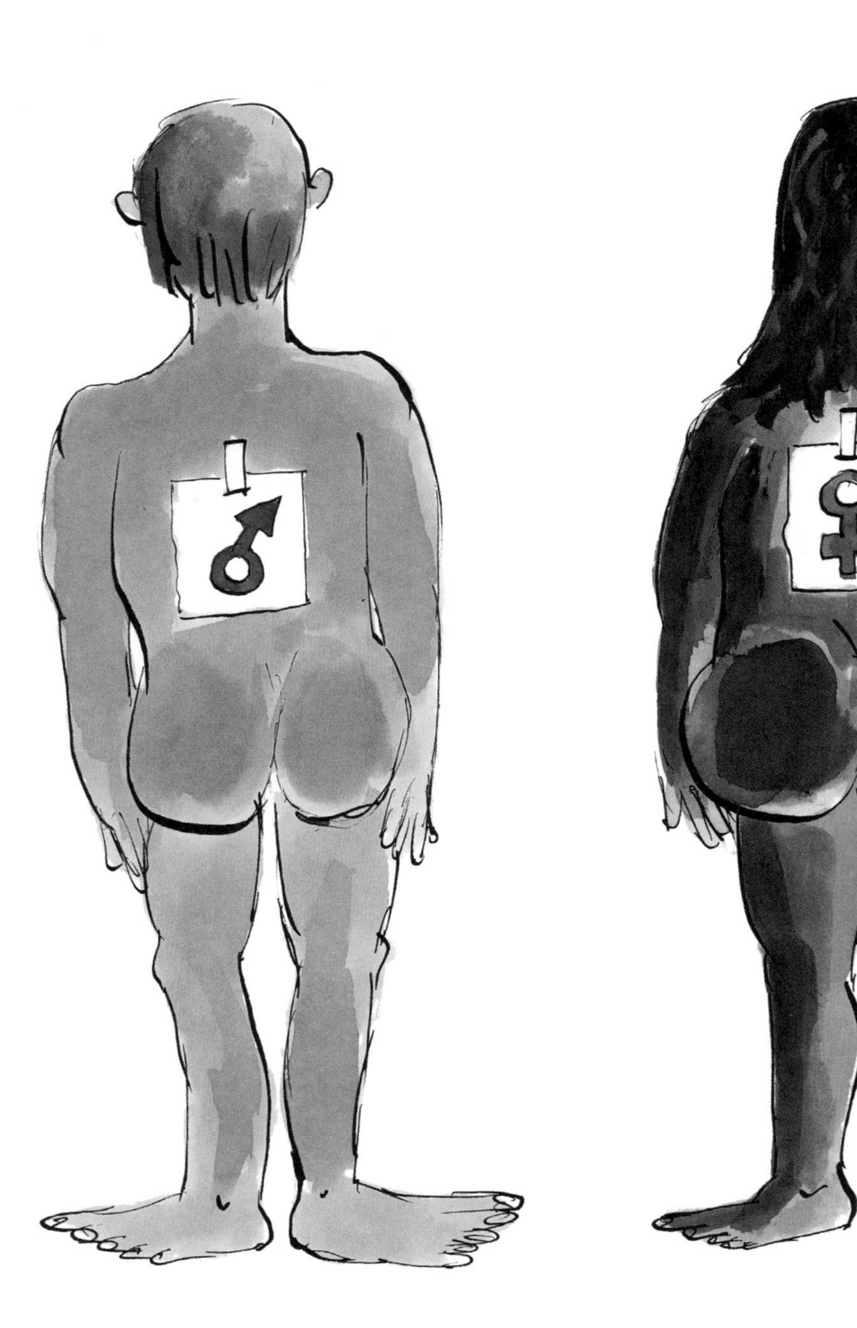

¿POR QUÉ TENEMOS EL TRASERO GRANDE?

Cuando evolucionamos de los simios, los músculos del trasero nos ayudaron a dejar de ir a cuatro patas para

PONERNOS DE PIE.

Así pudimos aguantar corriendo grandes distancias y sobrevivir.

HÁBITOS Y COSTUMBRES DE LOS TRASEROS

Los humanos tienen numerosas manías con respecto a sus traseros y los llaman de muchas maneras: pompis, nalgas, posadera...

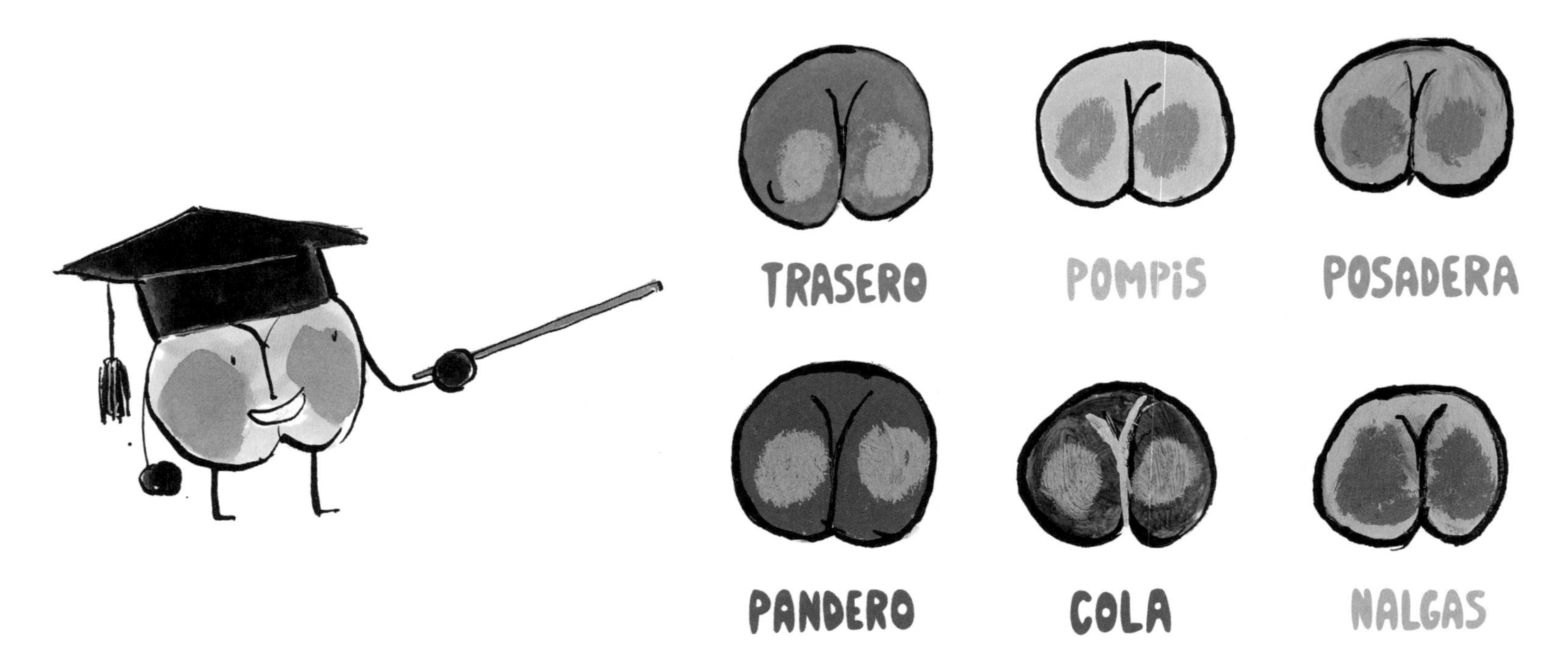

En varias culturas se considera de mala educación mencionarlos: traser... ¡Shhh! Y está prohibido enseñarlos en la calle. A pesar de ello, el trasero se insinúa todo el rato.

A los bebés les encanta tener

EL TRASERO AL AIRE.

Los adolescentes se lo miran en

EL ESPEJO

antes de salir de casa.

LOS TRASEROS DE MI BARRIO

El de la panadera Fernanda parece una gran

HOGAZA DE PAN.

En cambio, Herminio es el frutero y es verdad que su trasero tiene forma de

PIMIENTO.

En el cole, Pepón siempre dice que le pica, y se rasca con las dos manos. Luego nos persigue y nos hace salir huyendo.

Los traseros tienen algo gracioso y es que hacen reír. Solo por eso, deberían hacerles un

MONUMENTO

en la plaza del pueblo o de la ciudad.

ROPA INTERIOR

Los humanos tienen variedad de TALLAS para sus traseros.

Los hombres se ponen CALZONCILLOS, y las mujeres, BRAGAS.

Los hay de corazones, flores, lunares, rayas, superheroínas y superhéroes. Hay TALLAS grandes, extra grandes, medianas, pequeñas y extra pequeñas. Y luego están las tallas extraordinarias para los

SUPERTRASEROS.

TRASEROS DEL REINO ANIMAL

¿Las plantas o minerales tienen trasero?

¿Te imaginas el trasero de una montaña? ¿De un volcán?

¿DE LAS PAPAS?

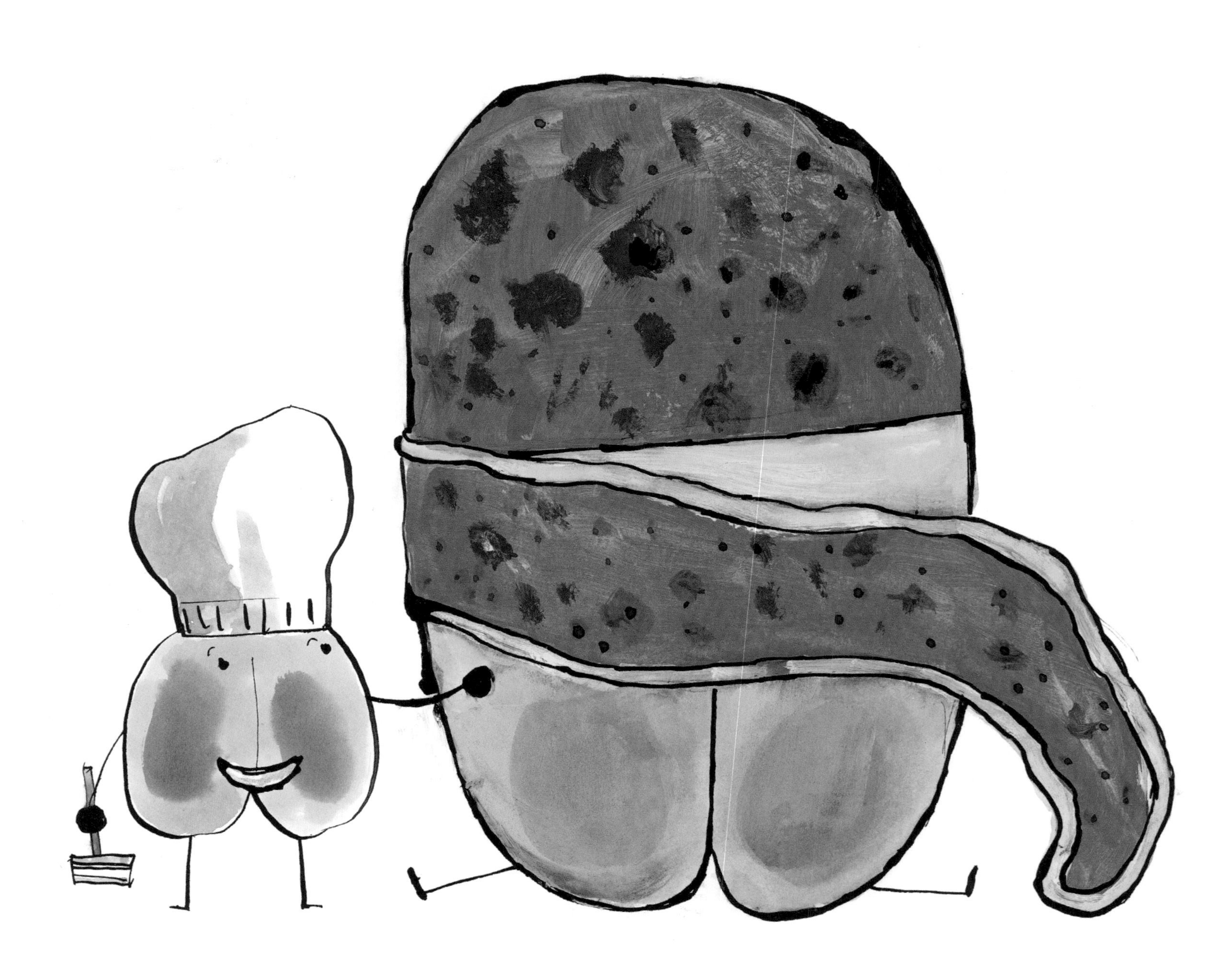

En cambio los insectos, los peces, los anfibios,
las aves y los mamíferos tienen trasero.

AUNQUE NO TODOS TIENEN NALGAS.

Las nalgas, esos cachetes mullidos y redondos de los que
hablábamos, están formadas por unos músculos que se llaman glúteos

EN LOS HUMANOS Y EN LOS SIMIOS.

LOS COLORES DE LOS TRASEROS

Hay traseros de casi todos los colores. ¡Vamos a conocerlos!

TRASERO BLANCO

El oso polar tiene un trasero blanco muy grande,
pero como se confunde con la nieve es difícil de ver.

TRASERO AZUL

El *Glaucus atlanticus* o "dragón azul" es una babosa marina. Tiene uno de los traseros más pequeños del mundo. Es venenoso y se alimenta de medusas. Aunque le llaman "dragón",

MIDE APENAS 3 CENTÍ-METROS.

TRASERO ROSA

El cerdo tiene un trasero famosísimo, sobre todo por ese rabillo rizado tan divertido que es su cola.

¡SE ESTIRA CUANDO ESTÁ EN PELIGRO!

TRASERO ROJO

El mandril tiene el trasero rojo, ¡y es probablemente el más famoso de todo el reino animal! Tener el trasero de ese color le ayuda a diferenciarse de los colores de la selva. Así la manada

SE MANTIENE UNIDA.

TRASERO MOTEADO

Las jirafas tienen manchas en todo el cuerpo, ¡también en el trasero! Se apoyan en él para

DORMIR

usando su largo cuello.

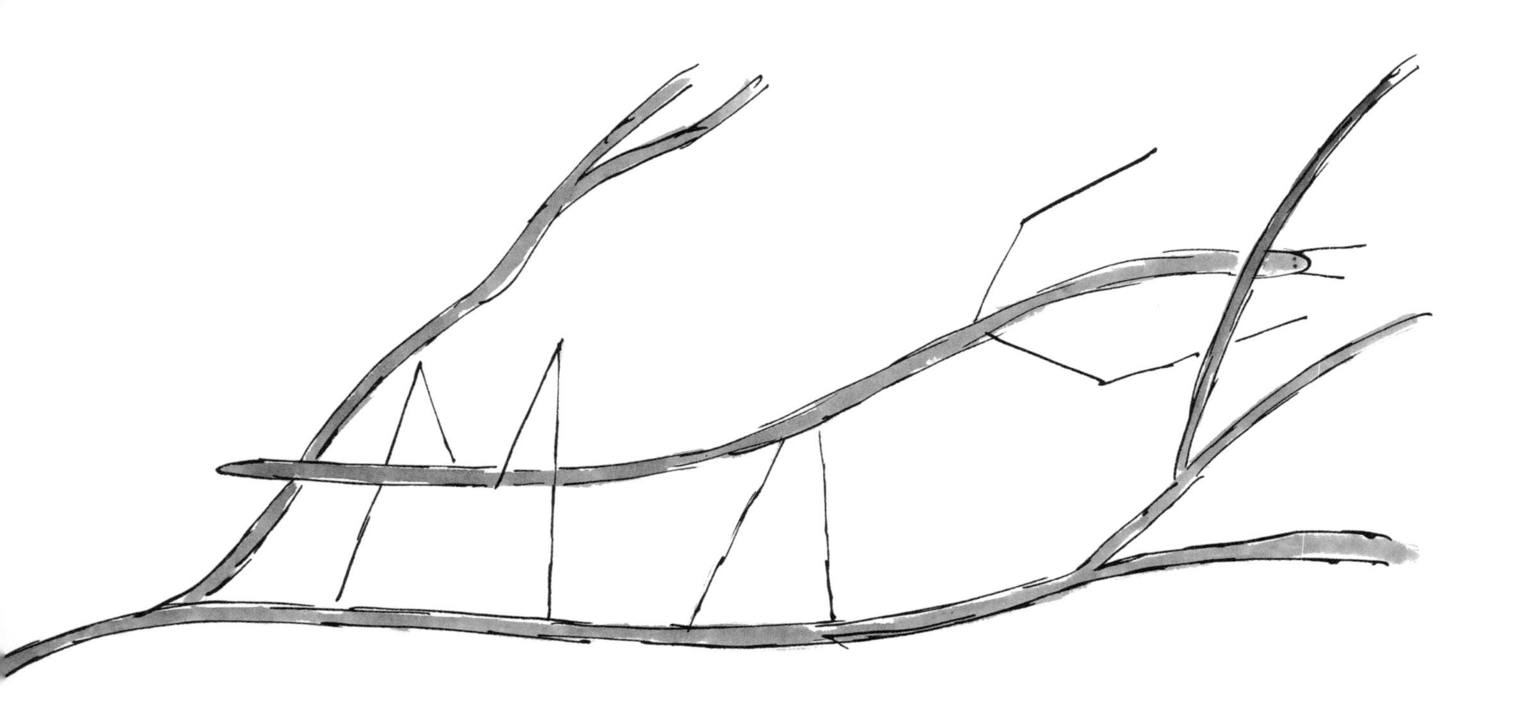

TRASERO DE MADERA

¿Has visto alguna vez un insecto palo? Se llaman así porque son...

¡ESPECIALISTAS EN CAMUFLAJE!

Parecen ramitas cuando no te fijas, pero ¡también tienen trasero!

TRASEROS MULTICOLOR

Algunos animales reúnen en su cuerpo una multitud de traseros, como los peces mandarín, la rana arlequín, el cangrejo de Halloween o la serpiente *Diadophis punctatus regalis*.

TRASEROS NARANJA

La mariposa *Papilio xuthus* tiene el trasero

DE COLOR NARANJA.

Pero ¡atención!, lo más importante es que en el trasero tiene dos fotorreceptores (unos "ojos" que reciben y procesan la luz) que le permiten "ver".

¿HAY ALGÚN TRASERO TRANSPARENTE?

El del *Zospeum tholussum,* llamado también

CARACOL FANTASMA.

No tiene ojos y su cuerpo y su caparazón son transparentes. Vive en una cueva y nunca ha visto la luz del exterior.

EL LENGUAJE DE LOS TRASEROS

El lenguaje de los traseros es apasionante, parecen mudos pero no lo son. Los traseros utilizan un lenguaje no verbal para comunicar a través de

MENSAJES O SEÑALES.

Pueden utilizar diferentes sistemas para emitir
y recibir mensajes a través de los cinco sentidos:

LA VISTA

El PAVO REAL siempre está presumiendo de su trasero. Abre su cola como si fuera un abanico para atraer con sus colores a las hembras. Cada pluma de su cola tiene un "ojo" o un "ocelo" de tonos verdes, azules y dorados.

Las LUCIÉRNAGAS tienen uno de los traseros más bonitos del reino animal. ¡Se ilumina! Por la noche, un montón de traseros luminosos voladores son un espectáculo digno de verse.

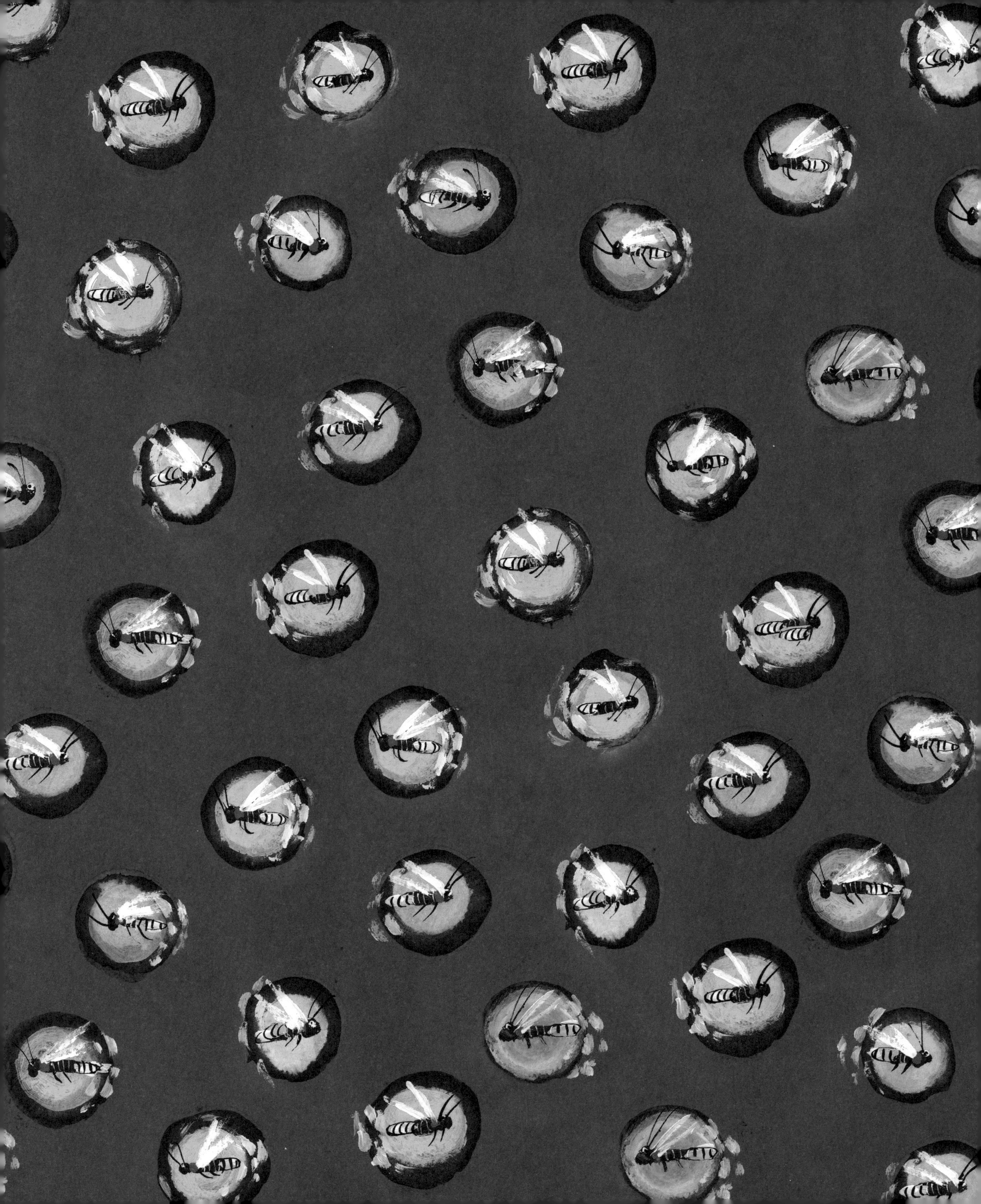

EL TACTO

El tacto nos habla, no solo de la textura, sino de la presión y la temperatura. El tacto de los traseros puede ser áspero, peludo, frío, caliente, suave, duro, blando...

Puedes palpar un montón de

en el trasero del elefante.

O sentir el

RESBALADIZO

trasero del delfín.

Los traseros más

PELUDOS

son los del bisonte y los yaks
de las montañas.

Uno de los traseros más fríos es el de la

LIEBRE ÁRTICA,

que además cambia de color en verano para camuflarse mejor.

EL OLFATO

Las hienas habitan en territorios muy amplios. Por eso, untan parte de sus excrementos (que huelen terrible), en la tierra para que otras hienas puedan olerlos y orientarse.

Los perros tienen un olfato entre

veces superior al del humano. Por eso se saludan oliéndose el trasero. ¡Y se enteran de muchísimas cosas!

EL OÍDO

Cuando un arenque se tira un pedo, las burbujas emiten un ultrasonido (una señal que solo perciben los otros arenques). Los usan como indicaciones para orientarse y formar el "cardumen" o "banco de peces". Esto quiere decir que, gracias a los pedos, ¡los arenques se protegen!

¿Y EL **GUSTO** DE LOS TRASEROS?

Del gusto mejor no hablar. ¡Qué asco!

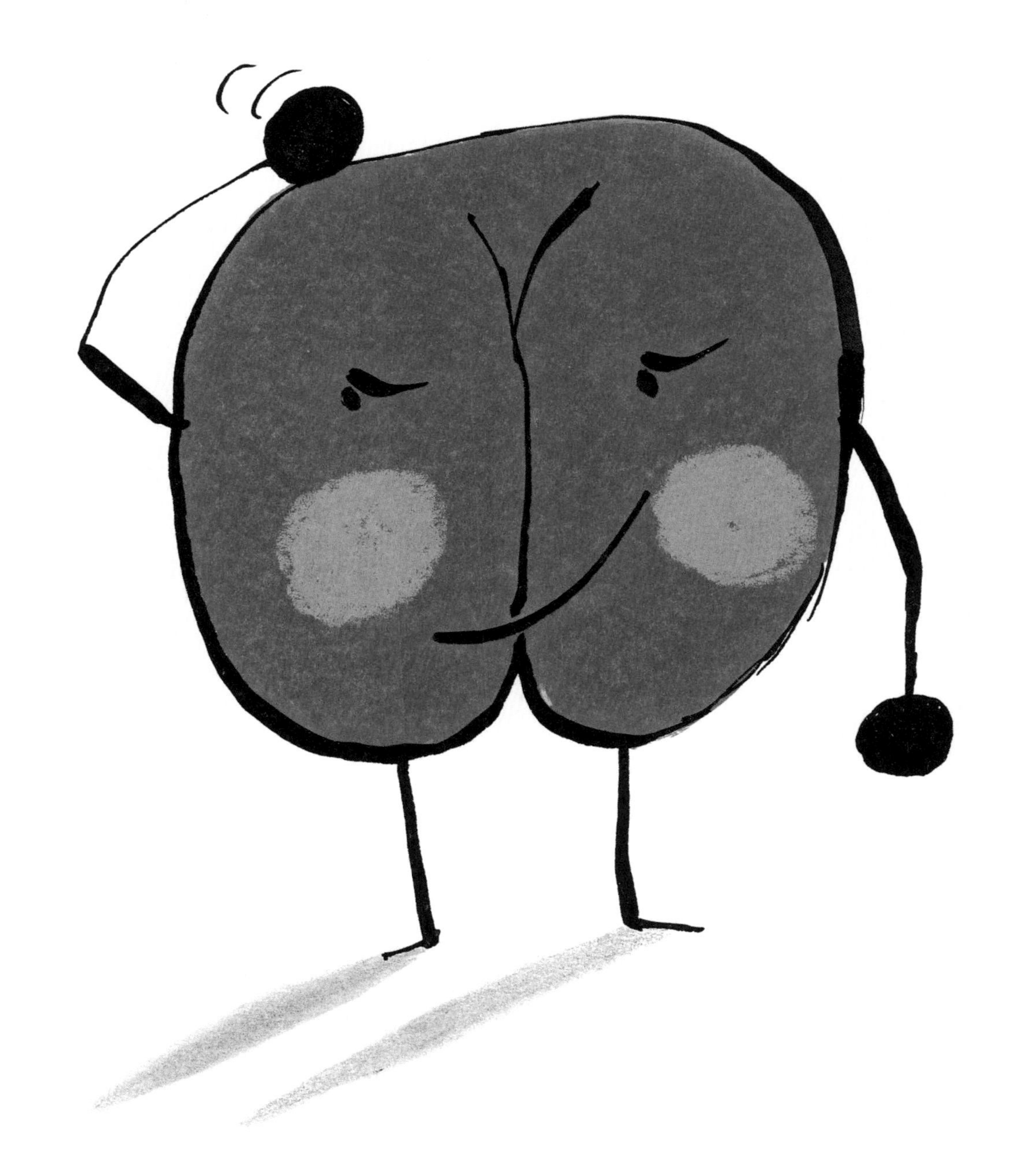

OTROS TRASEROS

TRASERO MOTORIZADO

El manatí, llamado también vaca marina, flota gracias a sus pedos. Las burbujas que va soltando le sirven de motor.

TRASEROS PROPULSADOS

¡No, no estamos hablando de pedos! Algunos animales, como las orugas, se mueven usando el trasero. Lo echan para delante, contrayéndose, y luego se estiran.

(Inténtalo tú, a ver qué tal te sale.)

DEL REINO ANIMAL

TRASEROS PELIGROSOS

¡Hay animales que usan sus traseros para atacar! Las abejas y las avispas tienen aguijones en sus traseros. Pero recuerda, las abejas no son peligrosas si no las molestas.

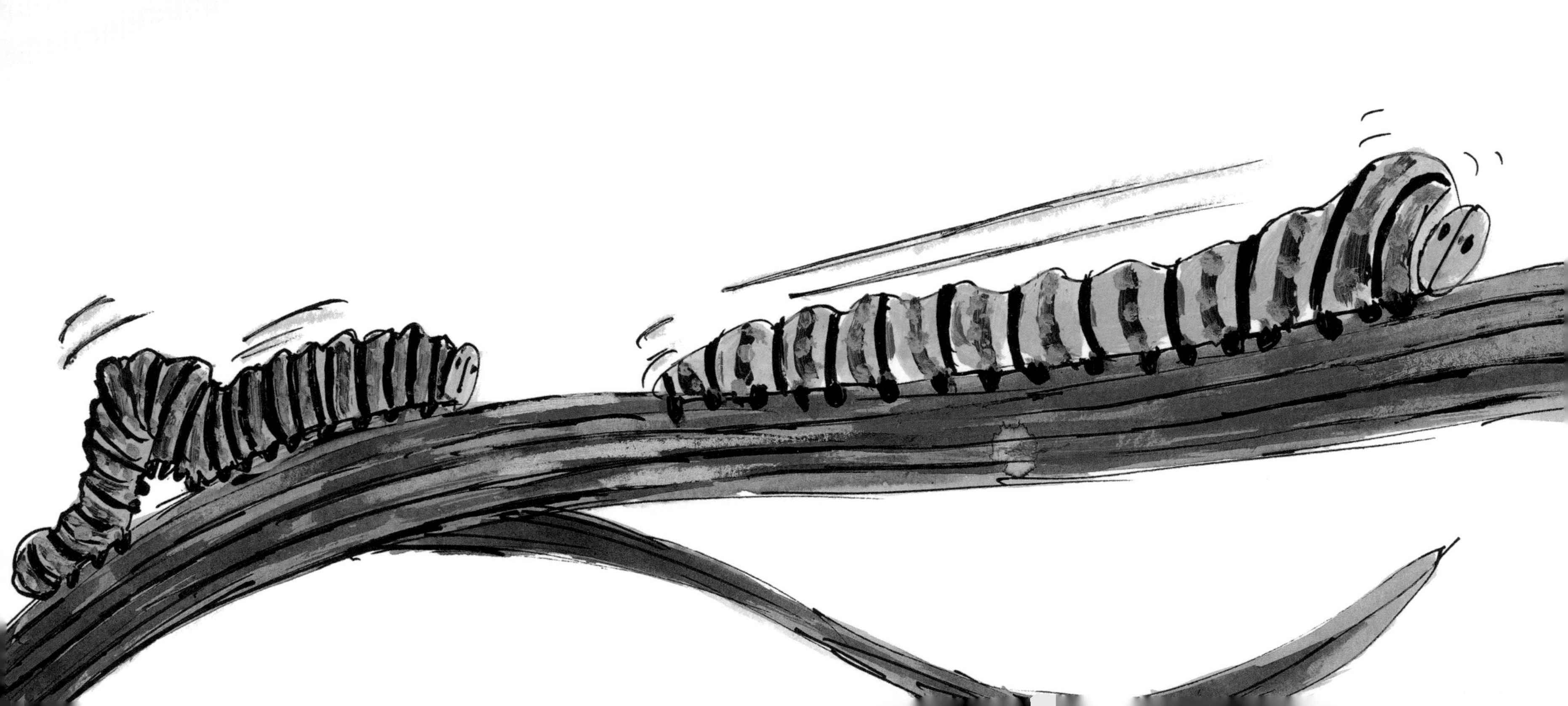

HABLANDO DE LAS ORUGAS...

Las orugas son las campeonas de los traseros. Algunas orugas tienen manchas en el trasero y, cuando se levantan, ¡parecen una serpiente! Lo usan para salvarse de los depredadores.

Otras orugas pueden usar su trasero como CATAPULTA.

¡Son capaces de lanzar las cacas a una distancia de hasta 40 veces su tamaño!

TRASEROS NARIZ

Los pepinos de mar, unos animales con un aspecto muy curioso, usan el trasero para respirar. Algunos animales incluso usan el agujero de la nariz de los pepinos de mar como hogar.

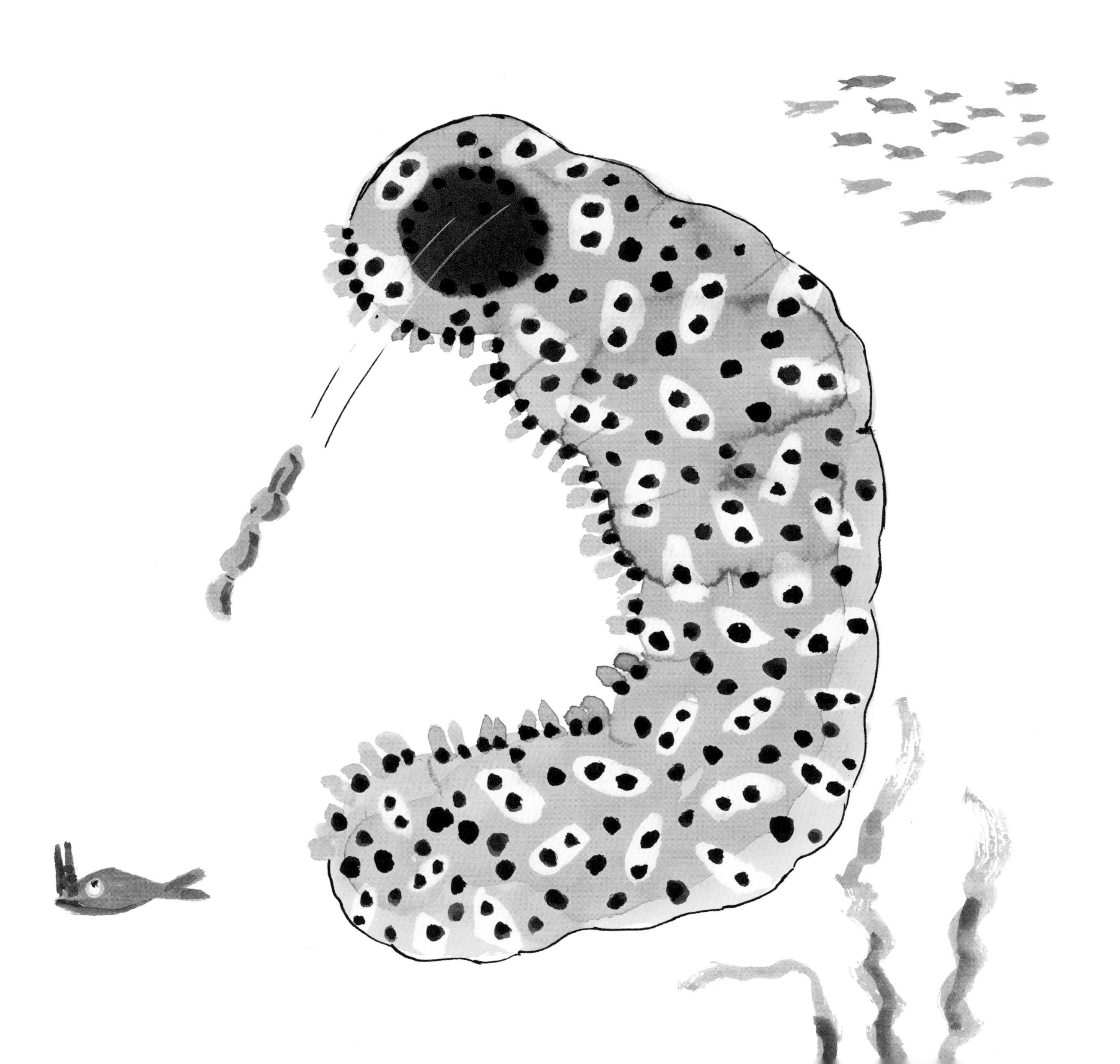

En conclusión, lo que sí podemos decir es que

NO HAY DOS TRASEROS IGUALES.

Y no lo olvides: a los traseros...

¡LES ENCANTA BAILAR Y QUE LOS LLEVEN A LA PLAYA!